La Campana de la Libertad

Megan Kopp

www.av2books.com

El enriquecido libro electrónico AV² te ofrece una experiencia bilingüe completa entre el inglés y el español para aprender el vocabulario de los dos idiomas.

This AV² media enhanced book gives you a fully bilingual experience between English and Spanish to learn the vocabulary of both languages.

Spanish   **English**

Navegación bilingüe AV²
AV² Bilingual Navigation

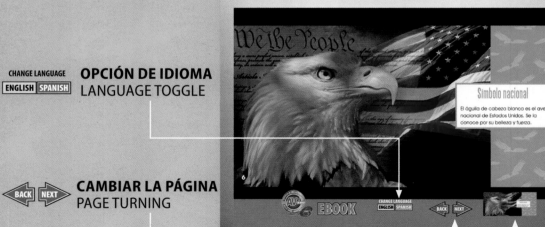

CHANGE LANGUAGE
ENGLISH SPANISH
OPCIÓN DE IDIOMA
LANGUAGE TOGGLE

BACK NEXT
CAMBIAR LA PÁGINA
PAGE TURNING

CERRAR
CLOSE

INICIO
HOME

VISTA PRELIMINAR
PAGE PREVIEW

CONTENIDO

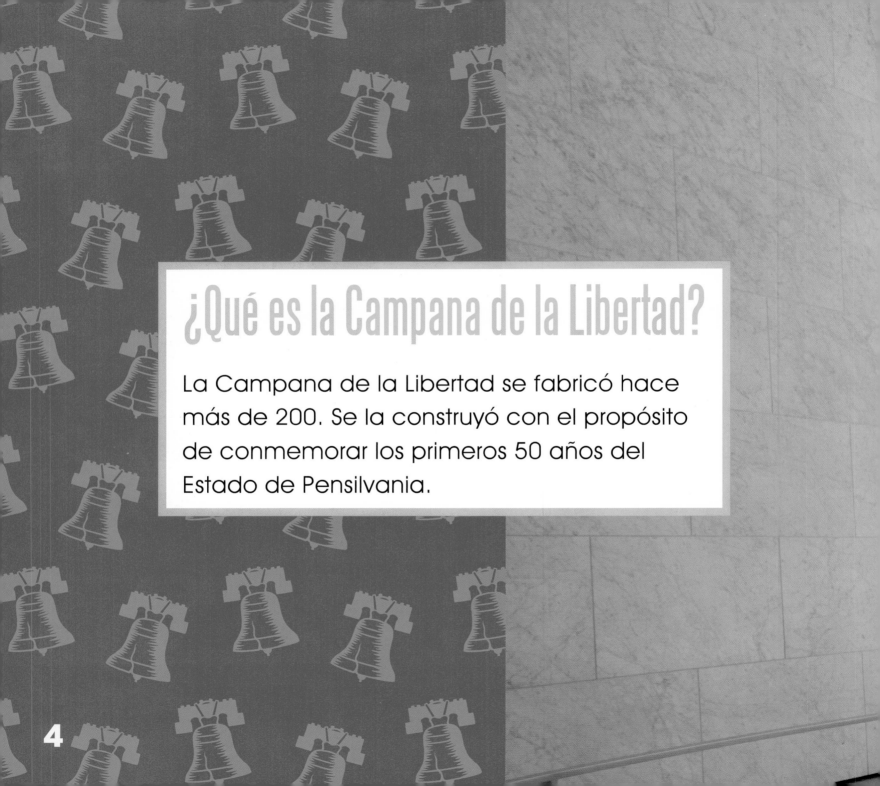

¿Qué es la Campana de la Libertad?

La Campana de la Libertad se fabricó hace más de 200. Se la construyó con el propósito de conmemorar los primeros 50 años del Estado de Pensilvania.

Símbolo nacional

Cuando se la fabricó por primera vez, la Campana de la Libertad era una campana normal. Con el transcurso de los años, la Campana se transformó en la representación de la libertad.

La inscripción

En la Campana se encuentra inscrita una frase tomada de la Biblia. La frase refiere a la libertad.

IM LIBERTY THROUGH

ER OF THE ASSEMBLY

9

Reparación necesaria

La Campana se fabricó en Inglaterra, pero se fisuró al momento de probar su sonido. Se fabricó una segunda campana en Pensilvania, a partir del metal de la primera campana.

El sonido de la Campana

La Campana de la Libertad se fabricó para que produjera el sonido de una nota musical. Se tocaba para informar a la gente de acontecimientos importantes.

14

En el camino

La Campana de la Libertad fue trasladada a muchos lugares alrededor del país. Esto permitió que muchas personas puedan verla. En el año 1915, la Campana volvió a Pensilvania para quedarse.

La Campana de la Libertad en la actualidad

Actualmente, la Campana de la Libertad se encuentra en Filadelfia, Pensilvania. Está ubicada en un lugar donde puedan verla los visitantes. No se ha usado como campana desde el año 1846.

17

Convertirse en un ícono

Un grupo de personas comenzó a referirse a la campana como la "Campana de la Libertad". Los miembros del grupo deseaban que todos fueran libres.

La última fisura

Luego de varios años de uso, comenzó a aparecer una fisura en la Campana de la Libertad. En la actualidad, la Campana de la Libertad está fisurada.

DATOS SOBRE LA CAMPANA DE LA LIBERTAD

Estas páginas brindan información detallada que amplía aquellos datos interesantes que se encuentran en el libro. Se pretende que los adultos utilicen estas páginas como herramienta de aprendizaje para contribuir a que los jóvenes lectores completen sus conocimientos acerca de cada símbolo nacional destacado en la serie de *Íconos americanos*.

páginas 4–5

¿Qué es la Campana de la Libertad? La Campana de la Libertad pesa aproximadamente 2.080 libras (943 kilos). Tiene 12 pies (3,7 metros) de circunferencia. Solo el badajo tiene más de 3 pies (0,9 m) de largo y pesa alrededor de 44 libras (20 kg). La Campana está fabricada en bronce. Está constituida por una mezcla de un 70% de cobre, un 25% de latón y una pequeña cantidad de plomo, zinc, arsénico, oro y plata.

páginas 6–7

Símbolo nacional. La Campana de la Libertad representa el símbolo de la libertad en todo Estados Unidos y en el mundo. Con el transcurso de los años, la Campana de la Libertad se ha utilizado en las ceremonias como representación de la libertad. En junio de 1944, la Campana se usó para celebrar el Día D de la Segunda Guerra Mundial. La Campana de la Libertad recibió siete golpes suaves con un martillo de goma durante una transmisión radial para celebrar la independencia de Europa.

páginas 8–9

La inscripción. En 1751, Isaac Norris, vocero de la Asamblea Provincial de Pensilvania, solicitó que se fabricara una campana nueva para celebrar los 50 años del estado. Pidió que se inscribiera en la Campana un pasaje de la Biblia. El pasaje dice: "Pregonad la libertad en la Tierra a todos sus moradores" (Levítico 25:10).

páginas 10–11

Reparación necesaria. Inicialmente, la Campana se fundió en Londres, Inglaterra. Se fisuró poco después de llegar a Pensilvania. Dos artesanos locales, John Pass y John Stow, usaron el metal para fabricar una nueva campana. Sin embargo, le agregaron demasiado cobre y, en consecuencia, al tocar la Campana se obtuvo una sonoridad muy pobre. La Campana se volvió a fabricar y, en dicha oportunidad, perduró por varios años.

El sonido de la Campana. La primera vez que se tocó la Campana en público fue en julio de 1776 para convocar a los habitantes de Filadelfia a la primera lectura pública de La Declaración de la Independencia. Se la tocó periódicamente para reunir a toda la Asamblea y para anuncios y acontecimientos especiales. La Campana se fabricó para que pudiera reproducir la nota musical Mi bemol.

En el camino. Desde finales de 1800, la Campana de la Libertad comenzó una travesía por todo el país. Fue objeto de exposiciones y ferias en un esfuerzo por cerrar la brecha que causó la Guerra Civil y para recordarles a los estadounidenses su lucha por la independencia con Gran Bretaña. La Campana hizo su último viaje a su hogar en Filadelfia en 1915. Para protegerla, no ha vuelto a viajar desde entonces.

La Campana de la Libertad en la actualidad. La Campana se usó en la Casa Estatal de Pensilvania hasta 1846, fecha en la que comenzó a fisurarse. Se reparó la fisura y la Campana se tocó el 23 de febrero en honor al natalicio de George Washington. Otra fisura, de aproximadamente media pulgada (1,3 centímetros) de ancho por 24,5 pulgadas (62 cm) de largo, apareció en la Campana. Desde entonces no se la ha vuelto a tocar, aunque a veces se la golpea suavemente.

Convertirse en un ícono. A la campana de la antigua Casa Estatal se la denominó "Campana de la Libertad", nombre que recibió de un grupo de personas que pretendían abolir la esclavitud. Los abolicionistas recordaron la frase inscrita en la Campana y la adoptaron como símbolo de su causa. El grupo utilizó la Campana para representar la libertad y la independencia anheladas por todos.

La última fisura. La Campana descansa ahora en el Parque Histórico de la Independencia Nacional en el Pabellón de la Campana de la Libertad, que se inauguró en octubre de 2003. Todos los 4 de julio, los niños descendientes de aquellos que firmaron la Declaración de la Independencia reciben una invitación para tocar la Campana 13 veces en honor a los 13 estados originarios.

¡Visita www.av2books.com para disfrutar de tu libro interactivo de inglés y español!

Check out www.av2books.com for your interactive English and Spanish ebook!

1 **Entra en www.av2books.com**
Go to www.av2books.com

2 **Ingresa tu código**
Enter book code

K 2 4 3 1 8 4

3 **¡Alimenta tu imaginación en línea!**
Fuel your imagination online!

www.av2books.com

Published by AV² by Weigl
350 5th Avenue, 59th Floor New York, NY 10118
Website: www.av2books.com   www.weigl.com

Library of Congress Cataloging-in-Publication Data

Kopp, Megan.
 [Liberty Bell. Spanish]
 La Campana de la Libertad / Megan Kopp.
     pages cm. -- (Íconos americanos)
 Translation of: Liberty Bell. New York, NY : AV2 by Weigl, ©2013.
 Includes bibliographical references and index.
 ISBN 978-1-62127-619-7 (hardcover : alk. paper) -- ISBN 978-1-62127-620-3 (ebook)
 1. Liberty Bell--Juvenile literature. 2. Philadelphia (Pa.)--Buildings, structures, etc.--Juvenile literature. I. Title.
 F158.8.I3K6718 2014
 974.8'11--dc23

                              2012051489

Printed in the United States of America in North Mankato, Minnesota
1 2 3 4 5 6 7 8 9 0   17 16 15 14 13

032013
WEP050313

Editor: Aaron Carr
Spanish Editor: Tanjah Karvonen
Design: Mandy Christiansen